AF265915

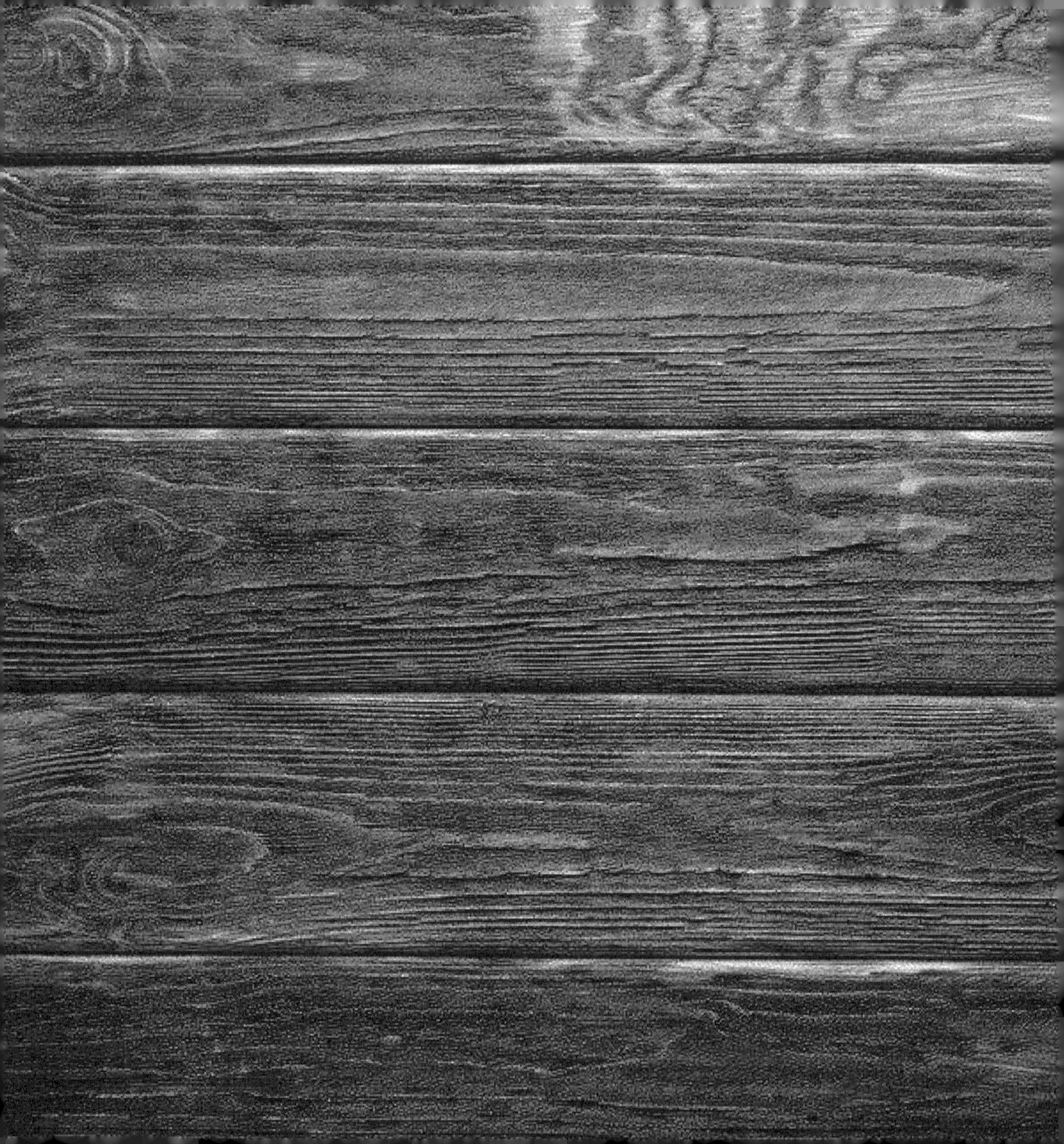

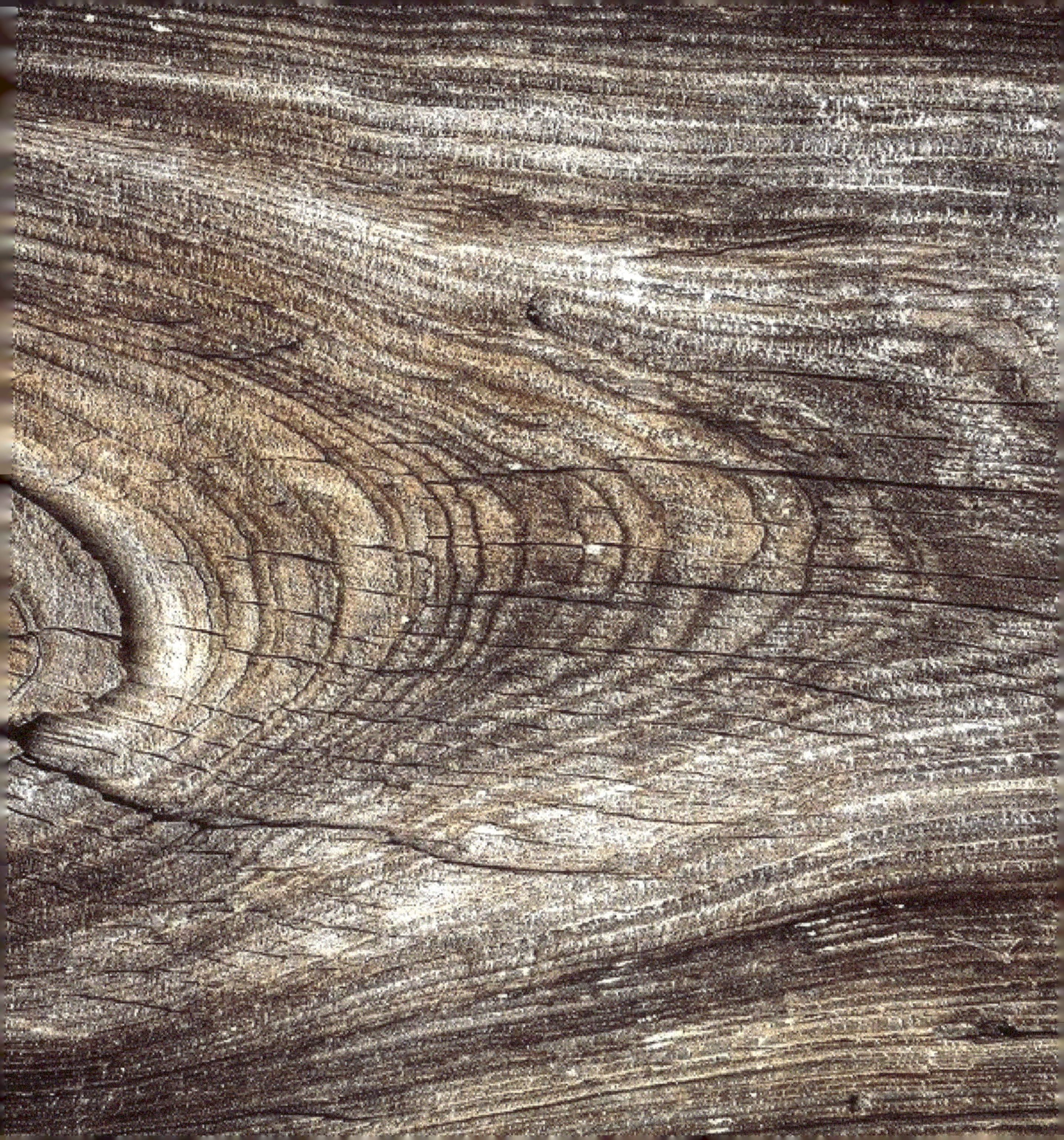

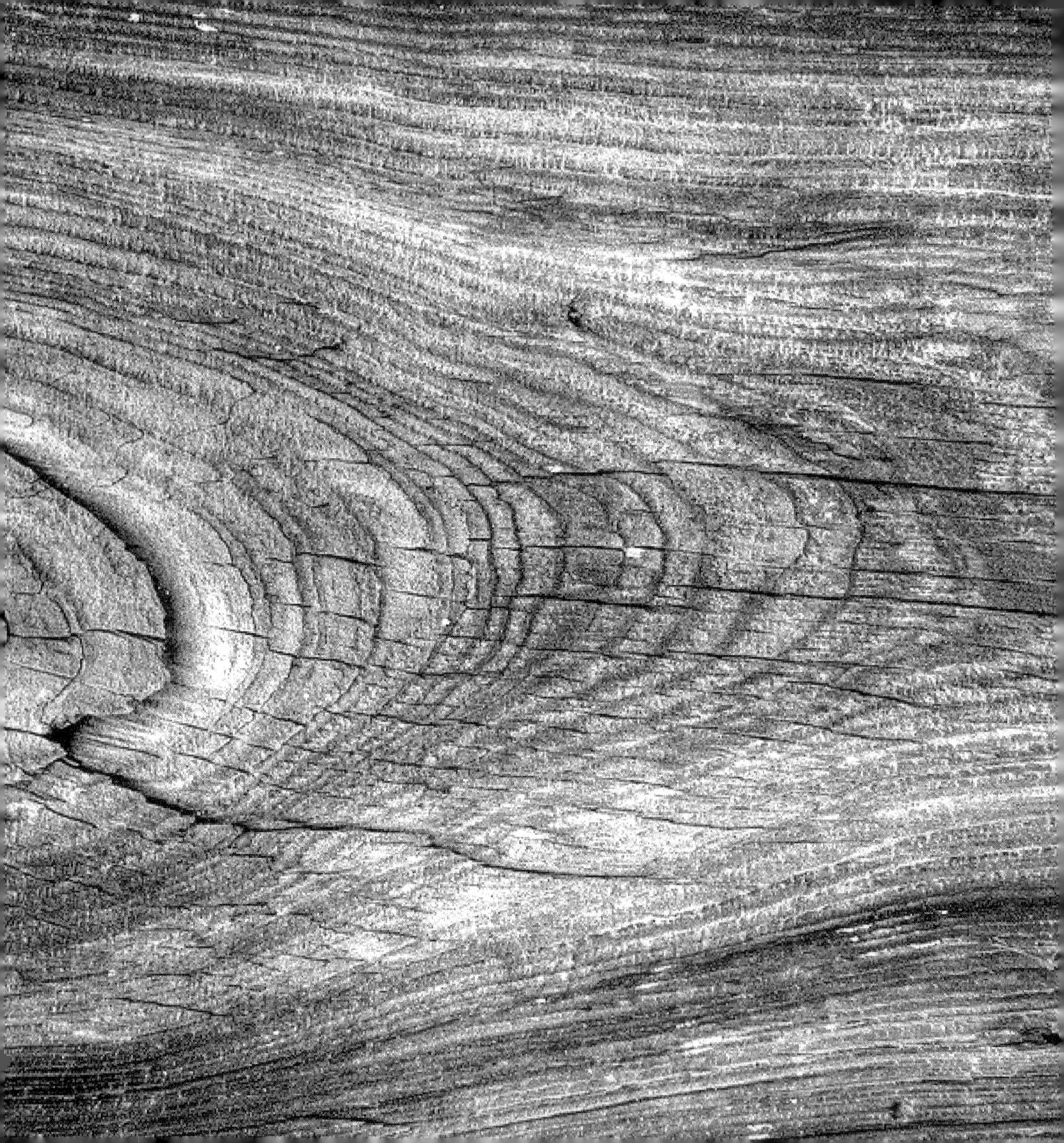

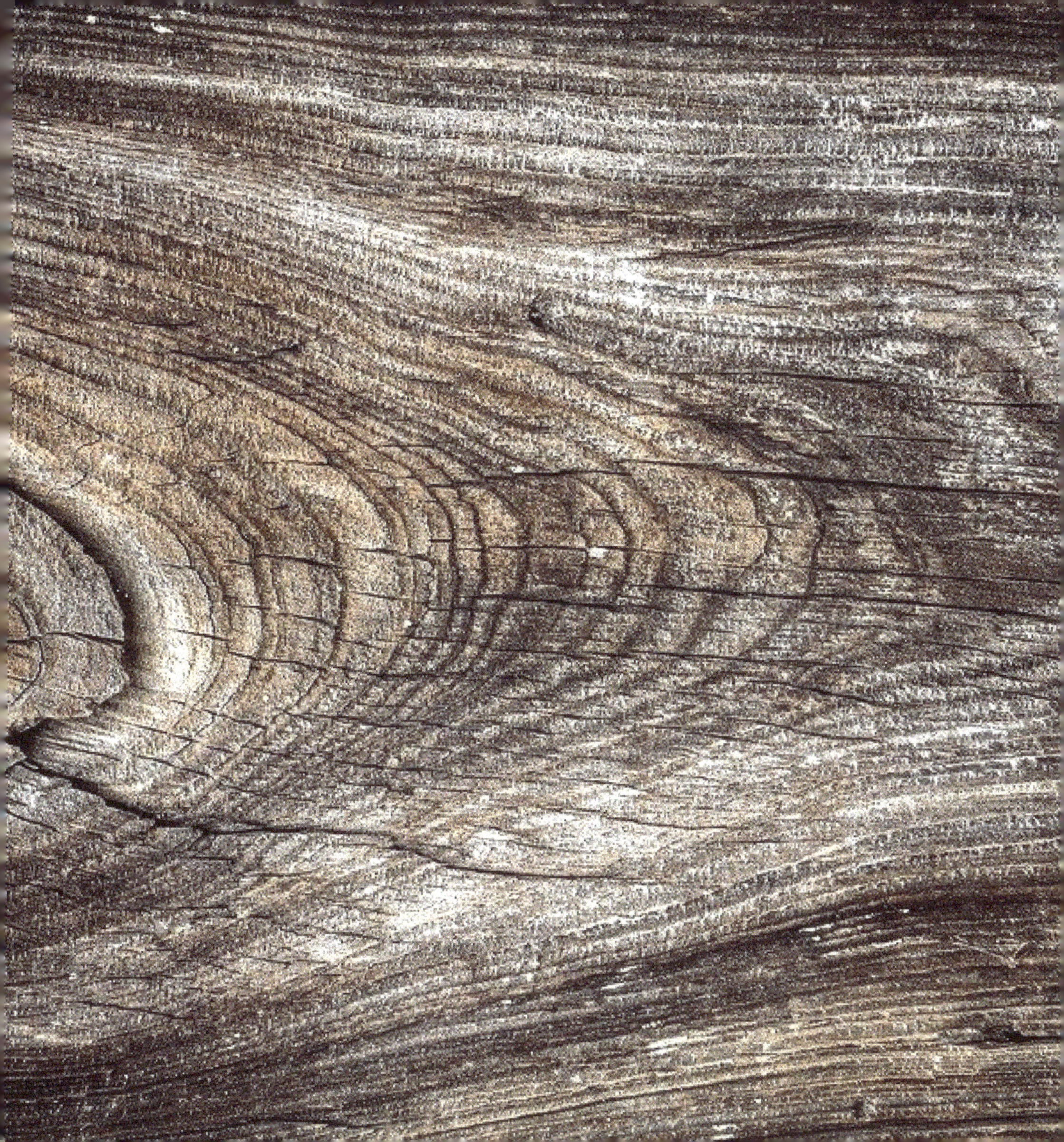

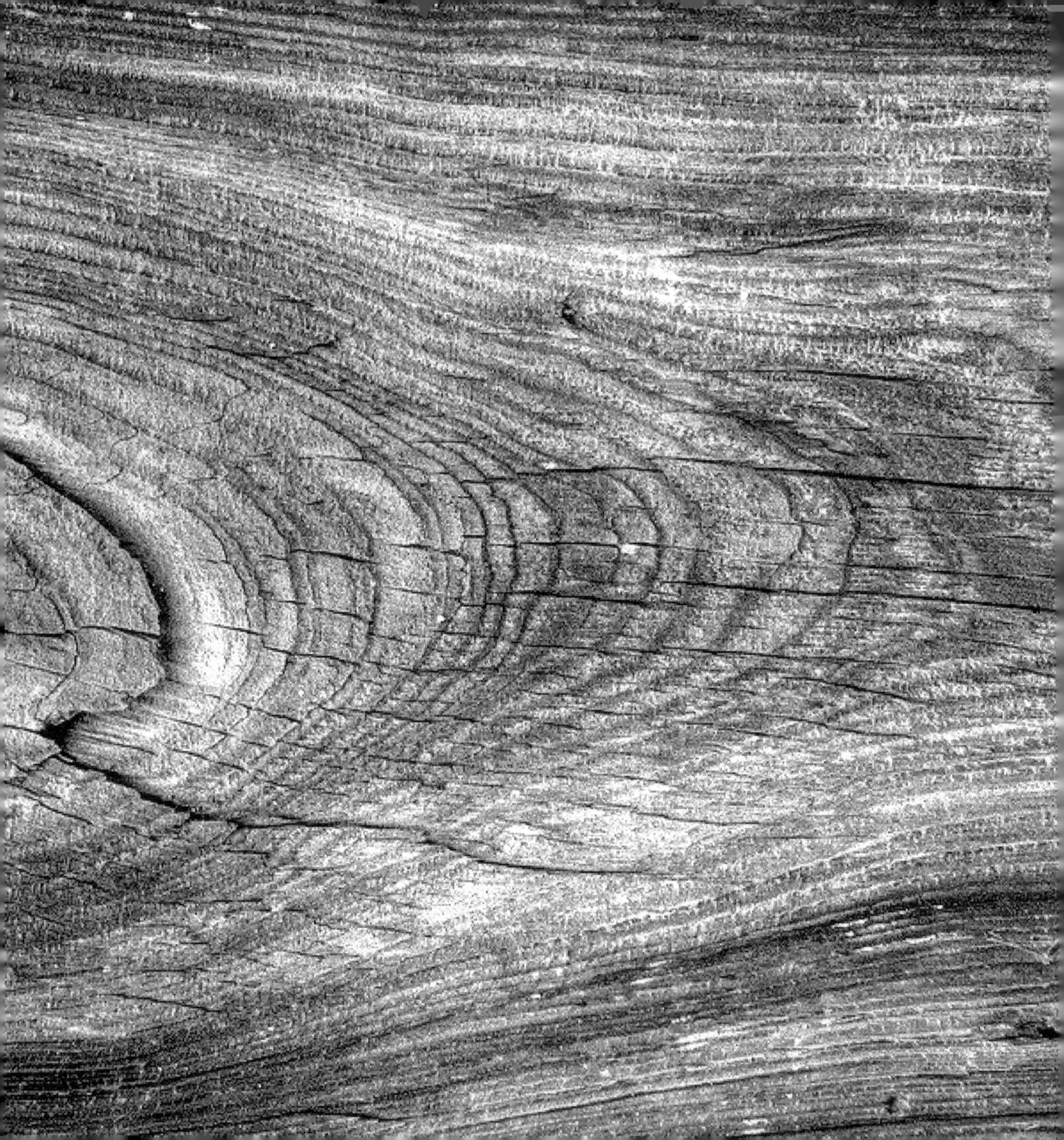

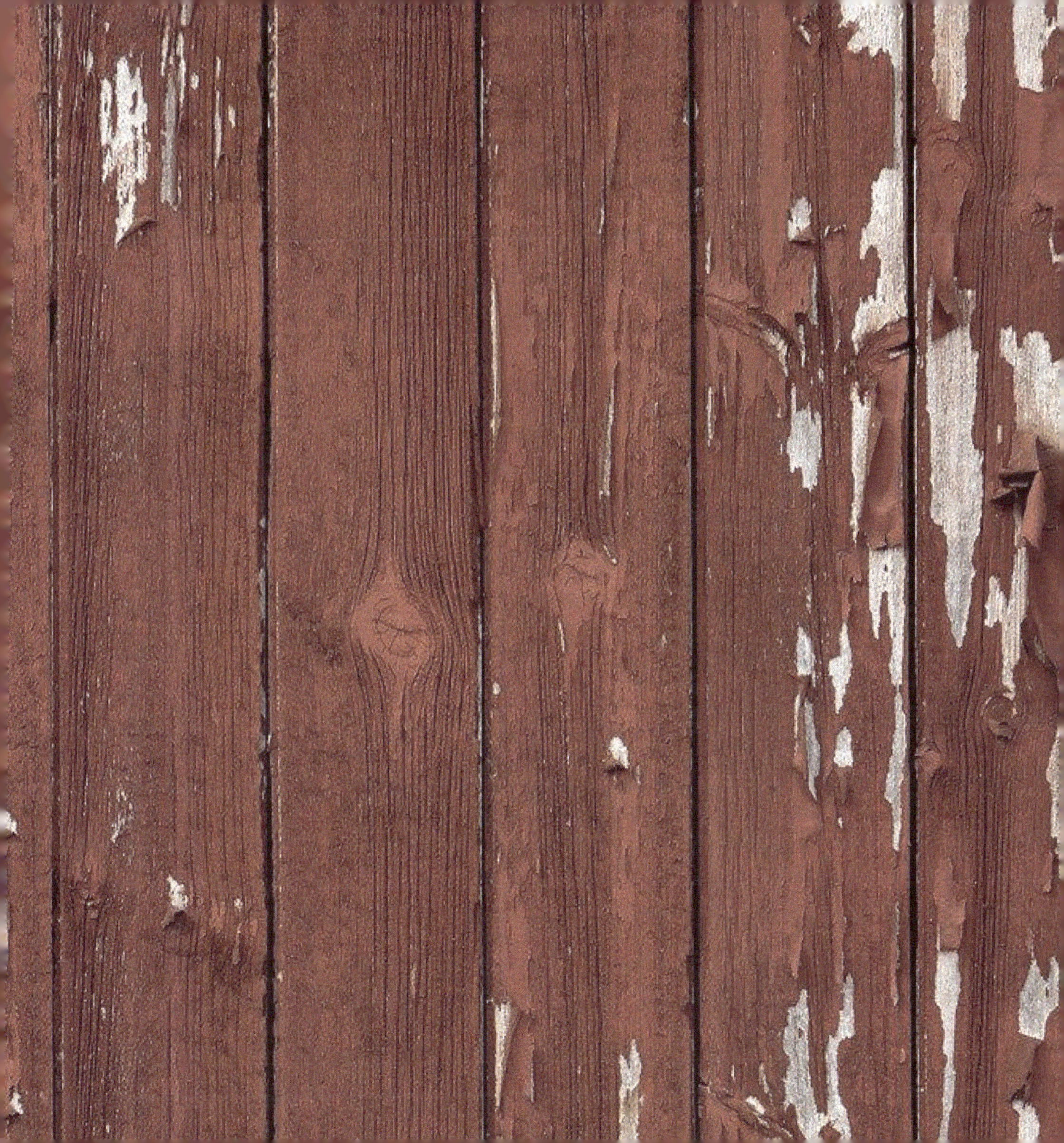

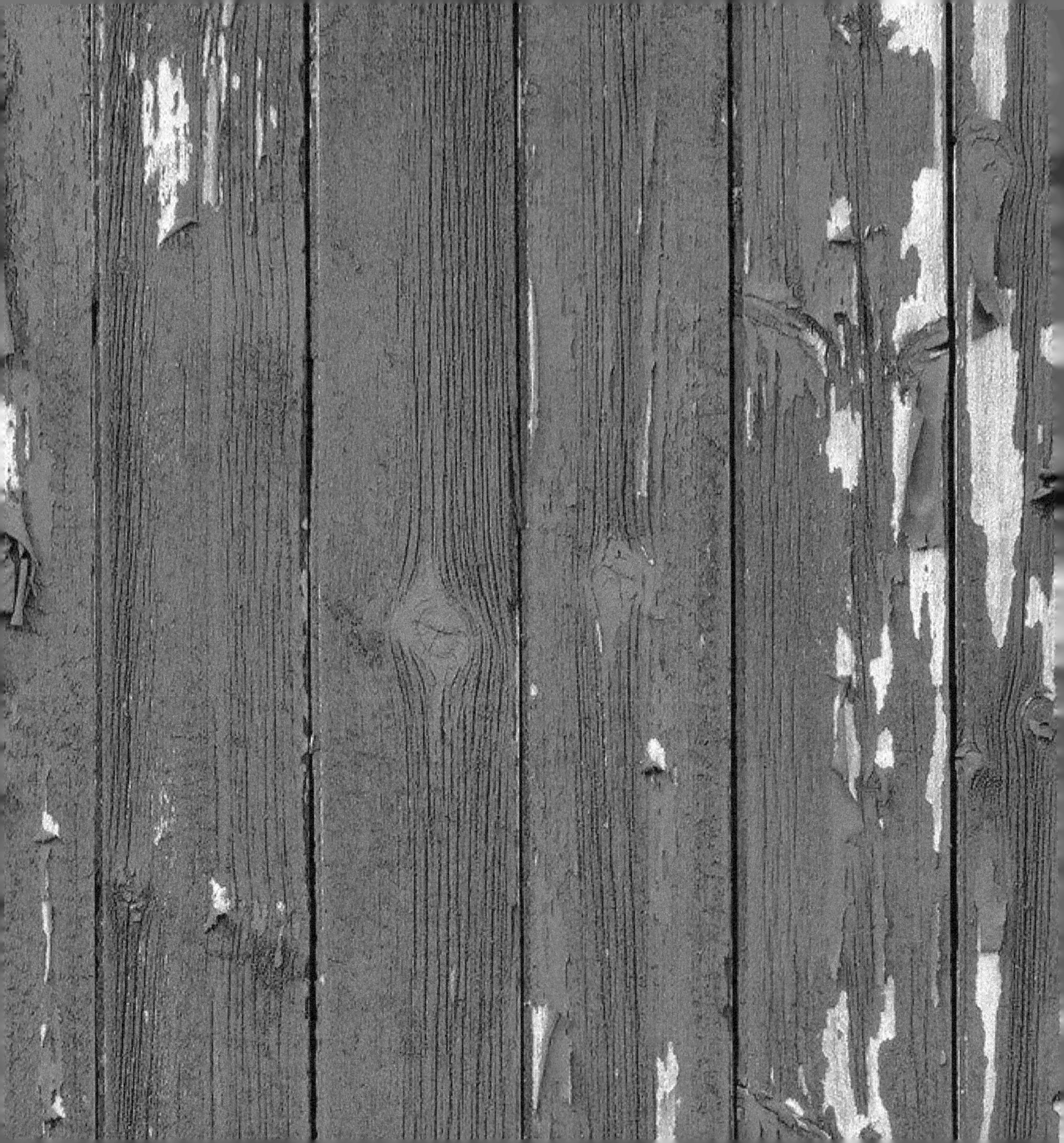

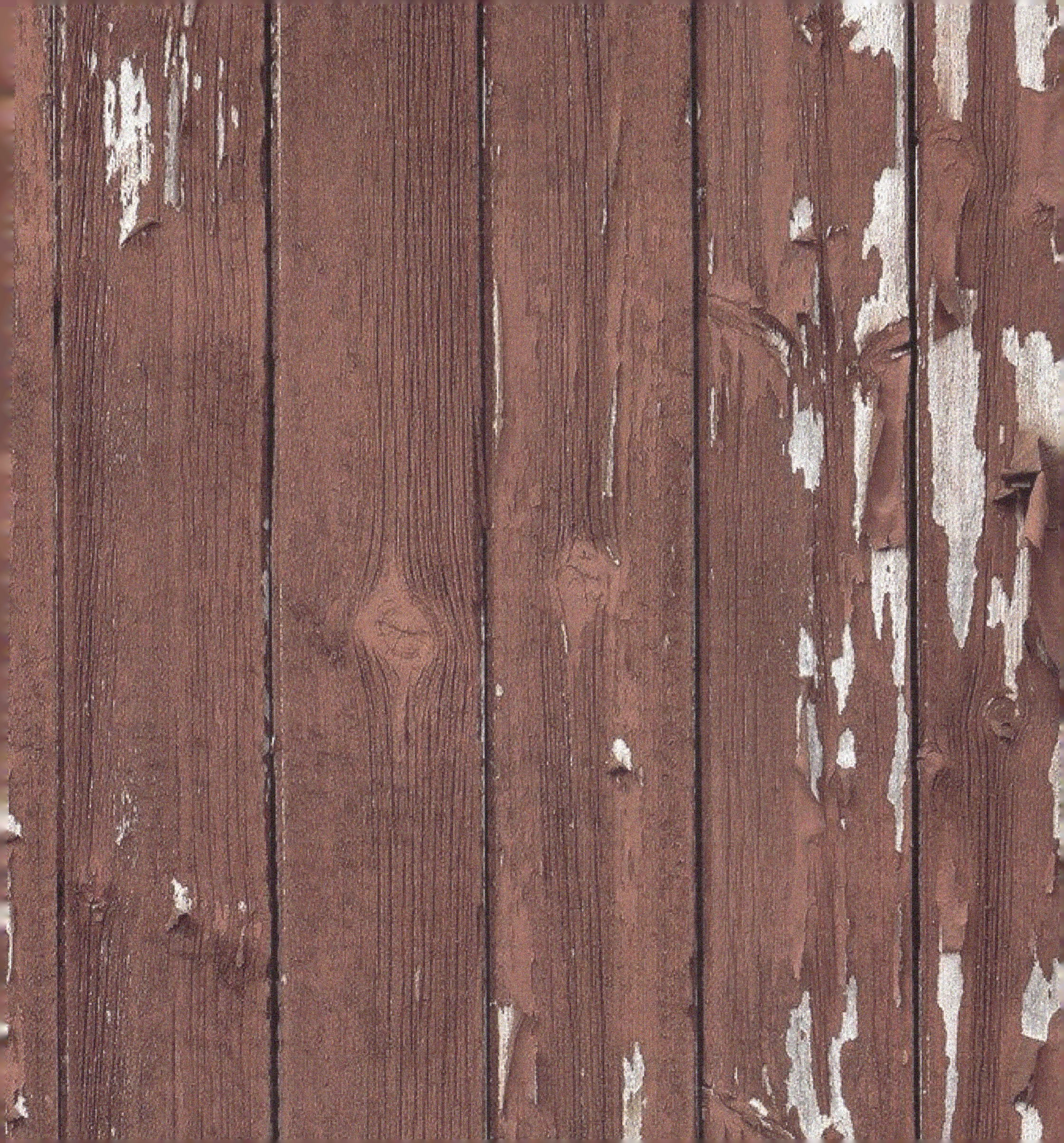

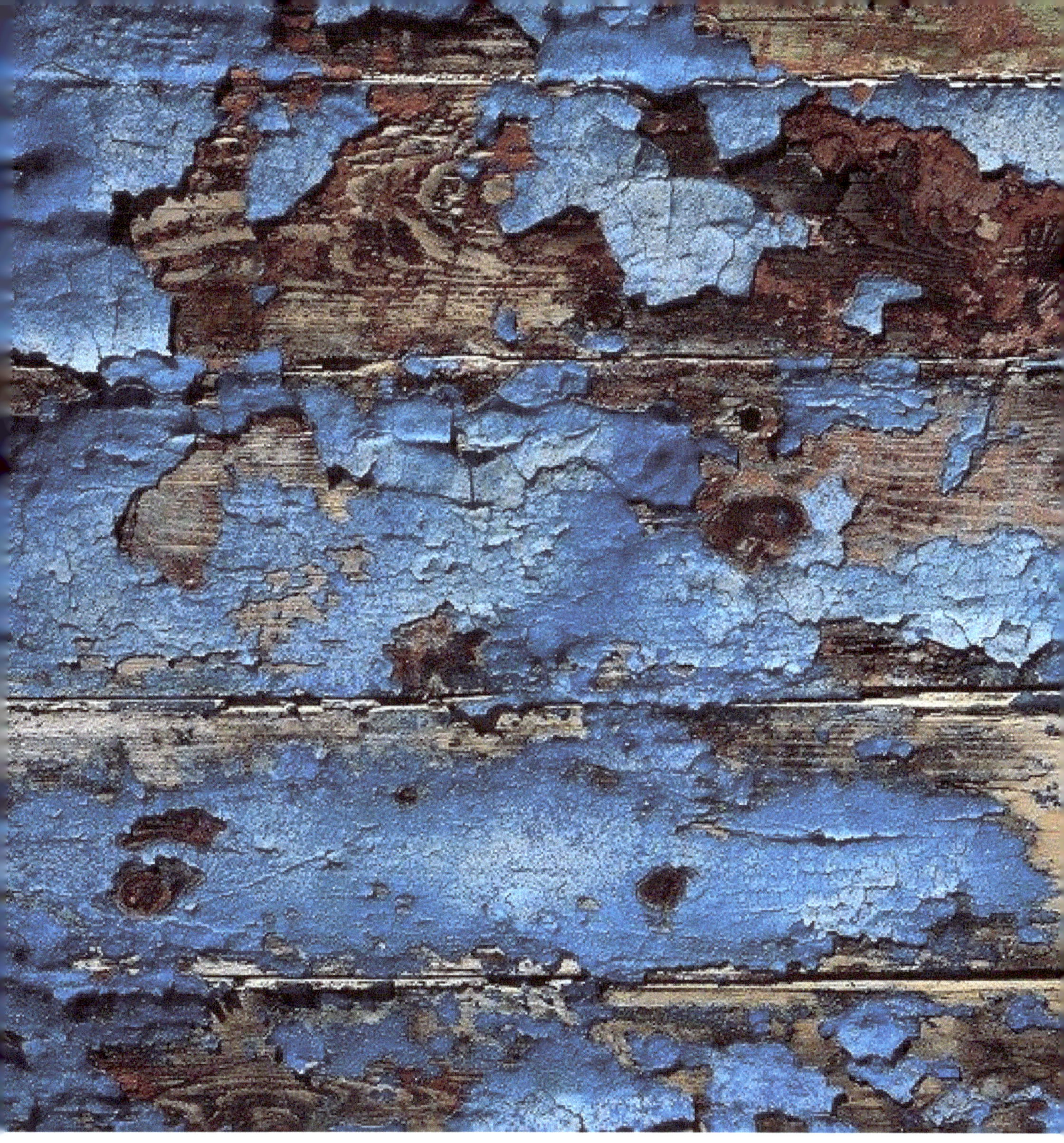

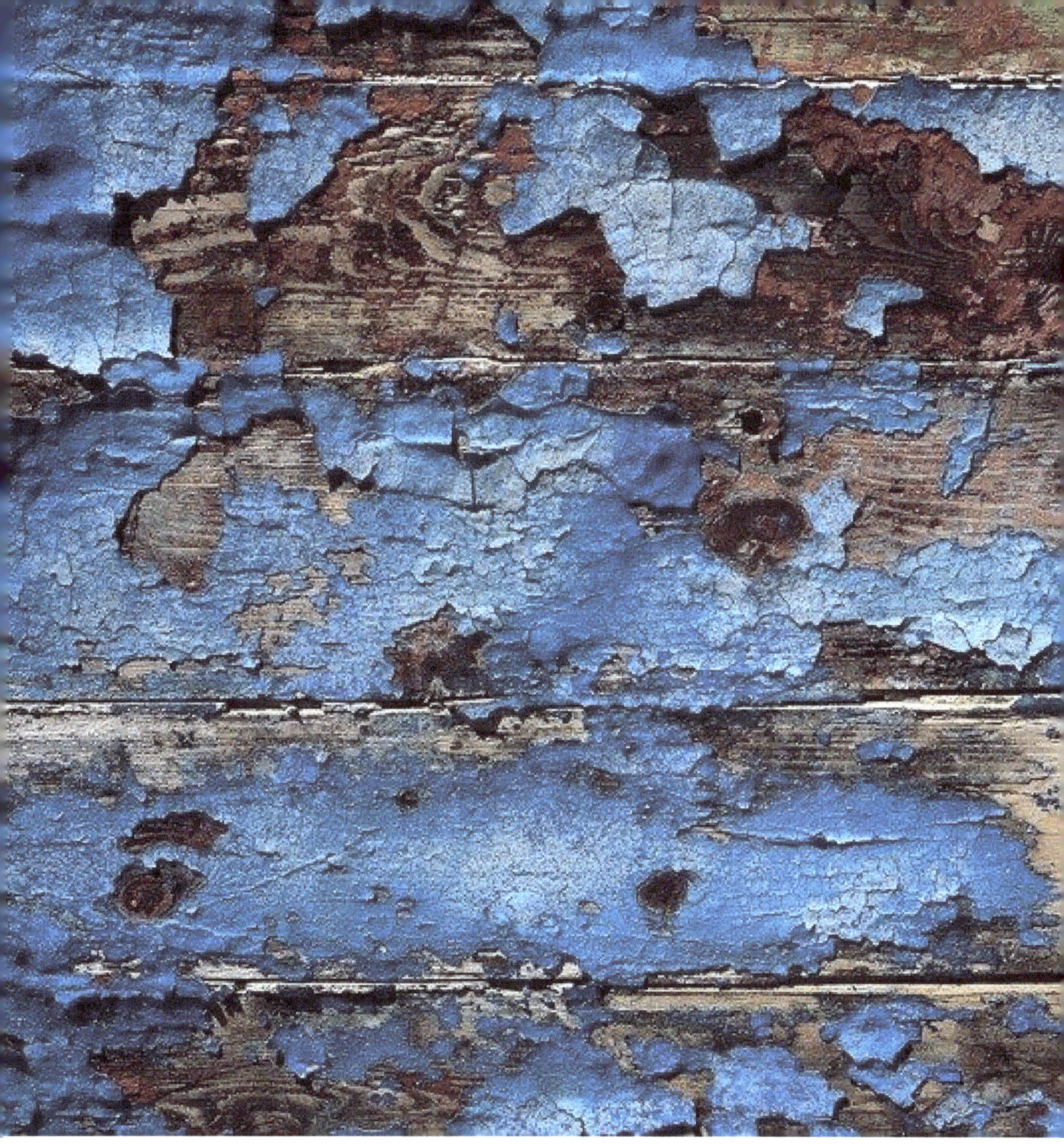

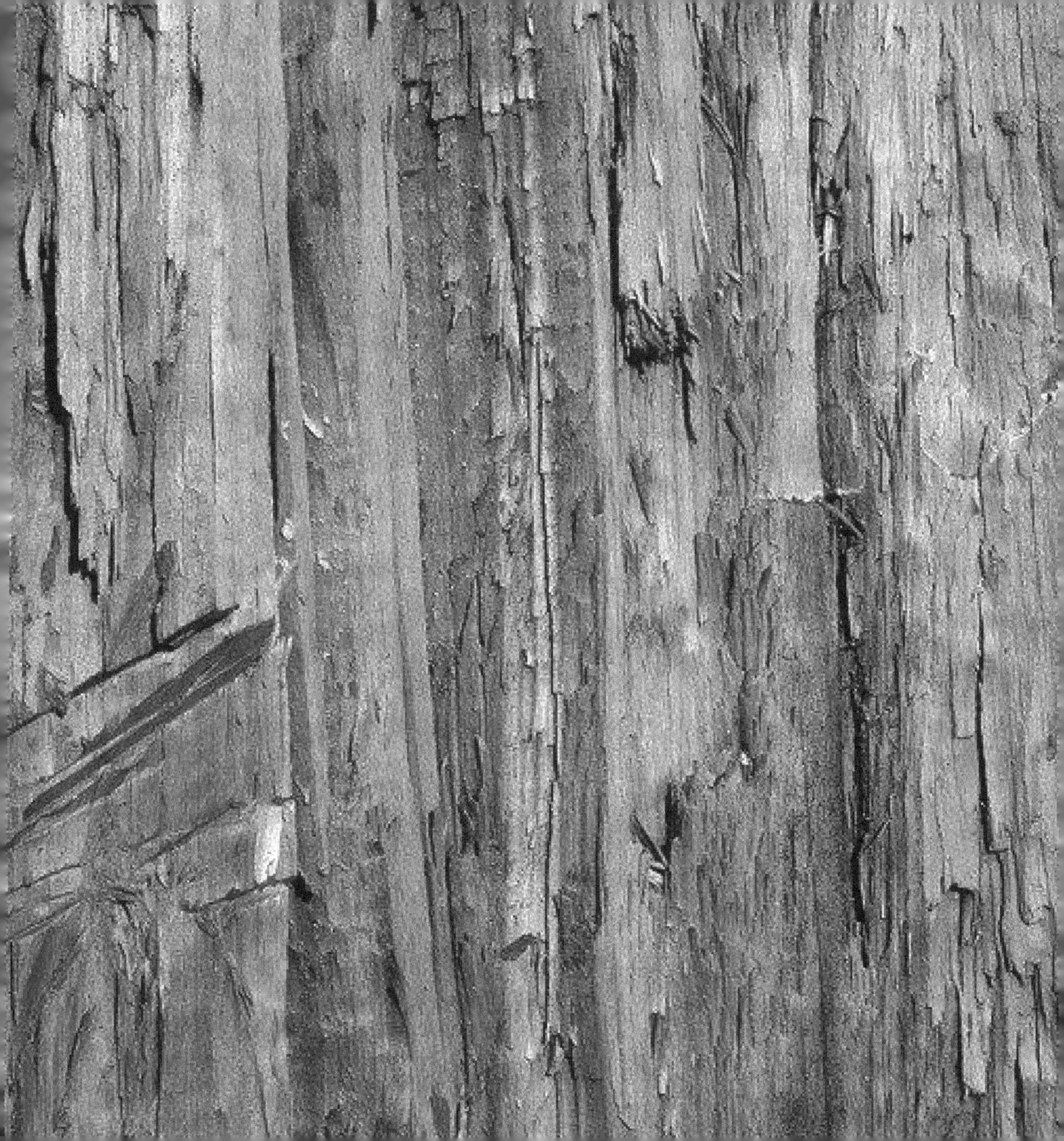

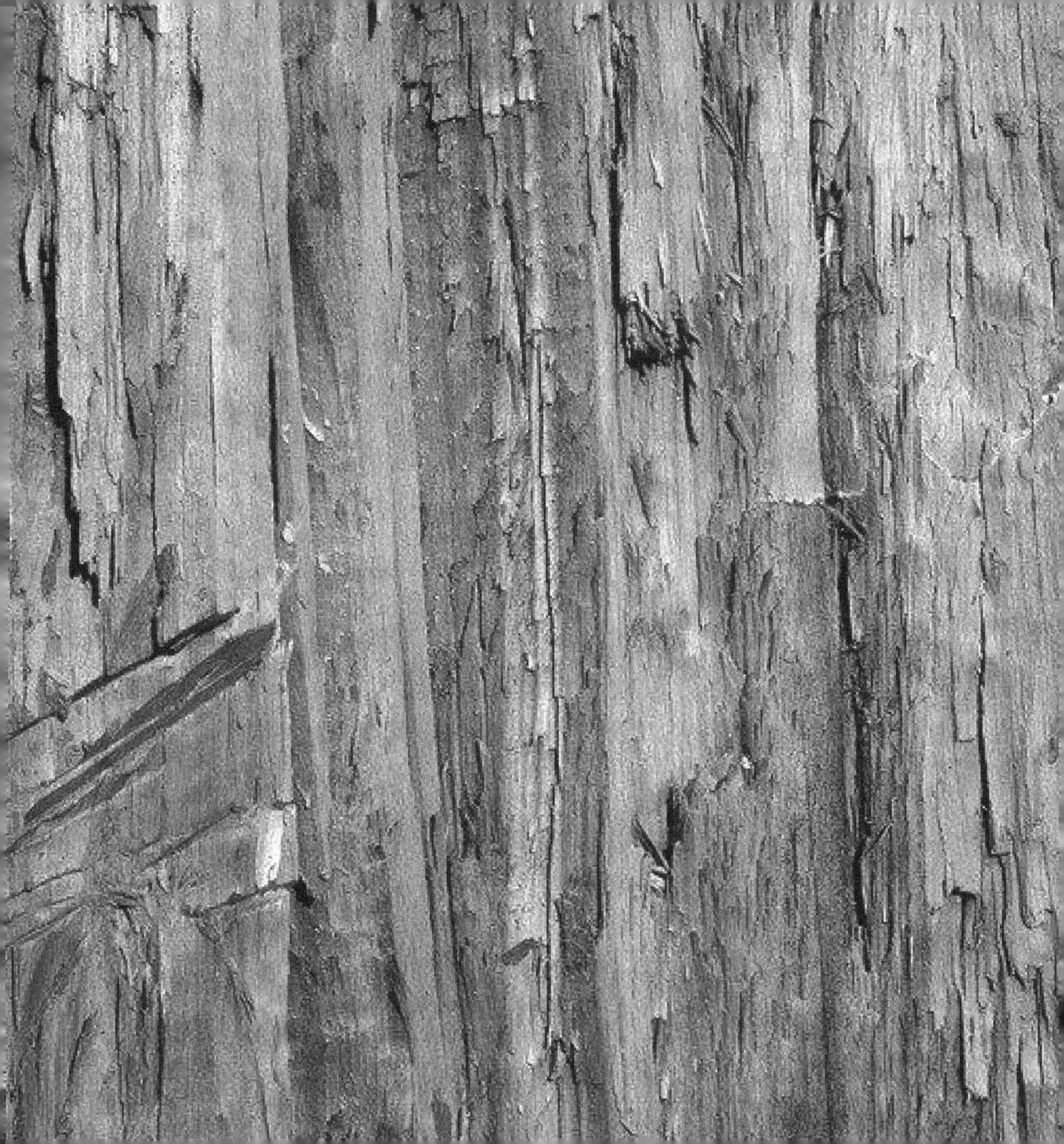